Vivencias

(POEMAS)

MAYRA ALMAGUER

Vivencias (Poemas)

Primera edición: 2023

Copyright © 2023 por Mayra Almaguer

Caratula Copyright © 2023 por Indie Earth Publishing

ISBN: 979-8-9869891-4-3

Primera edicion: enero de 2023

Para consultas y pedidos al por mayor, envíe un correo electrónico a:
indieearthpublishinghouse@gmail.com

Impreso en Estados Unidos

Indie Earth Publishing Inc.
| Miami, FL |

INDIE EARTH
PUBLISHING

Vivencias

(POEMAS)

MAYRA ALMAGUER

Índice

Vivencias

(POEMAS)

MAYRA ALMAGUER

Quiero dedicar este libro a los que tanto daño me hicieron. Me humillaron, ofendieron, despreciaron y no me quisieron, pero gracias a ustedes estoy aquí, más fuerte y más segura.

ÁNGEL CAÍDO

Las alas me quisieron cortar. Al abismo me quisieron enviar.
Mis lágrimas mi cuerpo mojaron. Pensé que no podía más.
Las fuerzas creí perder y al suelo pude llegar.
Cuanto dolor, cuanta angustia sin saber cuándo era el final.
Pero llegó una luz que mis alas reparó,
mis ojos volvieron a brillar y del suelo me pude levantar.
Maravillosa esa ilusión que me pudo despertar,
que a mi corazón vida volvió a dar.
Mis alas volverán a volar y esa luz resplandecerá.
Y en algún lugar, nuestros cuerpos se volverán a encontrar.

LO QUE ERES PARA MI

La noche me trae tu recuerdo y el día es una larga espera.
Quiero poderte encontrar.
Eres el aliento de mi vida. Eres mi respirar.
Eres lo más hermoso que la vida me ha podido dar.
Cuanto te extraño. ¡Cómo anhelo tus besos y caricias!
No quiero que esto se vaya de mí jamás.
Sueño contigo y a mi lado te siento.
Cuanto anhelo poder estar de nuevo contigo.
Lo grito a los cuatro vientos y al cielo le pido
que algún día regreses conmigo.

DISTANCIA

Sé que me vas a extrañar y lo vivido en tus venas se va a quedar.
Mi olor y mi risa extrañarás.
Me buscarás y soñarás,
pero no me encontrarás.
Como algo fugaz, me sentirás.
Me llamarás y respuestas no obtendrás.
Las heridas que me hiciste, sangrando están
y no sé cuando se sanarán.
Mi perfume en el viento olerás y mis pasos sentirás,
pero ya la distancia nos separará.

ME BUSCARAS

Tu risa es mi respirar de cada día.
Tus ojos y labios son los que me despiertan y me dan vida.
Me llenas de energía, das luz a mi vida.
Eres mi sol de cada día, eres lo que esperaba toda la vida.
Tus recuerdos siempre guardaré
y en las noches a mi lado te sentiré.
¡¿Cómo olvidarte, ángel de mi vida!?
En mis manos y mente siempre te guardaré.
En mi corazón una llave pondré
para que no te puedas ir.
Allí te sentiré cerquita de mí.

SENSACIÓN

Cuanta emoción, cuanta alegría fue el encuentro contigo.
Mi corazón ardía de tantos deseos de estar contigo.
El sentirme en tus brazos y no quererte soltar jamás
fue la sensación más inmensa que la vida me pudo dar.
Ese momento no lo quiero olvidar,
en mis memorias se va a guardar.
Si la vida te pone de nuevo en mi camino,
volvería todo a ser igual.
Y esta vez no te soltaría.

SOÑARÁS DE MI

La soledad te embriagará y el llanto te acogerá.
Caminarás sin rumbo porque perdido te encontrarás.
Tu conciencia te gritará y ya no podrás más.
Querrás el tiempo volver atrás, pero imposible será.
Mi nombre gritarás, pero el cansancio te agotará.
En mil sueños me buscarás y ya nunca me verás.

¿VALDRÁ LA PENA?

La vida trae tantas angustias, tantos desasosiegos.
Tantas tristezas, tantas agonías que me pregunto
"¿Valdrá la pena estarla viviendo?"
Caminos llenos de espinas, dolor e incertidumbre.
Sin esperanzas, sin saber qué hay más allá de este caminar.
¿Dónde estás, Mi Señor, mi ayudador, quien me da fuerzas?
¿Dónde estás que no te veo? ¿Dónde estás que no te siento?
Necesito tu mano, Señor, para que me saques de este abismo.
No le veo el final. Oh, Dios, no me dejes, no me abandones.
Aquí estoy, Padre Mío.

DÉJAME SOÑAR

Ríos de deseos corren sobre mi piel y los provocas tú,
mi adorado amor.
Ven y sácame de este dolor, sana mis heridas, hazme tuya,
ya no tardes más.
Quiero ahogarme en tus brazos, que tu pecho sea
mi refugio, mi fortaleza
y tus caricias el pilar que me sostienen cada día.
Escucha mi clamor, eres quien me abriga en la tempestad.
Eres mi alegría y quien calma mis penas en el dolor.
Bendito seas que llegaste a mi vida y le trajo luz y paz
a esta alma tan dolida.
Tus caricias me llevan a otra dimensión.
No me dejes ir. Contigo quiero estar.
Eres la dulce caricia, como el viento rozando mi piel.
Suave sensación, no quiero despertar.
Déjame soñar, no te quiero soltar.

EL DOLOR DE UN CORAZÓN

El dolor de un corazón roto solo lo cura con otro nuevo amor.
Una nueva ilusión, un nuevo despertar.
El tiempo no cura esa ausencia.
Es como una herida que cicatrices ha dejado.
Solo una nueva caricia puede tapar esas huellas
que en mí quedaron.
Un nuevo despertar me hará seguir adelante
y dejaré de pensar en el pasado y saber que todo lo vivido será
un dulce recuerdo que se queda grabado.
Lo bueno o malo vivido no se olvida,
solo se queda dormido en el alma.
No importa el tiempo que pase, las heridas no desaparecen,
solo se esconden
y en un rinconcito se quedarán.

HERMOSA COMPAÑÍA

¿Por qué noches tan frías? ¿Por qué la luz ya no brilla?
¿Por qué te has ido de mi lado y siento tanta melancolía?
Eras el viento que me acariciaba, eras mi dulce compañía.
Eras la luz que me iluminaba, eras la alegría de mi vida.
Eras el pilar que me sostenía, eras la fuerza que me impulsaba.
Eras mi todo, eras mi vida, eras mi maravillosa compañía.
Ahora las sombras me embargan y el recuerdo no se calla.
Como he de hacer para olvidarte, mi hermosa compañía.

CRUEL DESTINO

¿Cuándo volverá a salir el sol para mí?
¿Cuándo veré la luz del día?
Vivir en esta eterna oscuridad me hace perder el sentido.
¿Dios Mío, dónde estás? ¿No escuchas los latidos de mi corazón?
Ya no aguantan más.
¿Qué más puedo esperar? ¿Qué otra derrota vendrá?
No sé cuanto más podré soportar.
Mi llanto ya se escondió, mis lágrimas no caen más.
Mis manos vacías están y, en mis brazos, ya no estás más.
¿Por qué Dios? ¿Por qué tan cruel destino? ¡Dime por qué!

ÁNGELES Y MARIPOSAS

Ángeles y mariposas siento a mi alrededor,
moviendo el viento a mi favor.
Dulce fragancia se derrama por todo al rededor,
luz y alegría llenando todo de esplendor.
Así te espera el alma mía, sintiendo tu voz y respiración.
Tu olor lo tengo clavado en mi corazón.
Tus pasos se sienten y encienden mi pasión
y aquí te espero en mi habitación.

MARIPOSA NEGRA

Mariposa que vas de flor en flor, arañando los pétalos,
desgarrando las hojas, destruyendo sus raíces.
Qué pena de ti, mariposa negra y oscura,
perdiste los colores arrancando toda la belleza
que en tu camino estaba, dejando todo derramado en el suelo,
sin raíces para retornar, dejando tu piel en cada flor que tocaste.
El viento te va a llevar y no sabrás a dónde.
Perdida te vas a encontrar y en algún momento
tus alas se van a secar.
Te caerá la lluvia y la tierra te aplastará.
Ahí entonces recordarás qué triste es la soledad.

LA FE

¿Dónde encontraré la fe? La busco y no se ve.
Miro al cielo y se esconde. De mi vida se fue.
Cada día me siento más vacía y no sé que más hacer.
¡¿Oh, Dios Mío, por qué estoy así!?
Espero una respuesta que no sé donde encontrar,
cuan sola y vacía mi alma está.
Ya no siento alegría y me cubre una gran soledad.
¿Qué más puedo esperar?
¿Dónde encontraré fuerzas
para poderte recuperar?

TODO LO VIVIDO

Cuantos lindos días pasé contigo, cuántas noches de alegría.
Cuantos sueños hemos vivido,
porque el destino lo ha querido.
El placer sentimos y eso nos ha unido,
gracias te doy, mi amor, por todo lo vivido.
Nada nos podrá quitar el cielo que tocamos
y las estrellas que bajamos.
En lo inmenso del universo,
nuestros nombres se grabaron,
y así muy juntos para siempre nos quedamos.

EL SER QUE DIOS ME ENVIÓ

La tristeza en mi mirada pronto desaparecerá
y mi corazón de alegría más fuerte latirá.
Mi piel se regocijará al sentir tus manos por mi cuerpo deslizar.
La alegría mi casa alumbrará
y hasta en el cielo los ángeles cantarán.
Eres el ser que Dios me envió
para cuidarme y calmar mi dolor
y ver la vida llena de colores
y saber que a mi lado vas a estar
en cada despertar.

LO QUE TANTO BUSQUE

Maravillosa compañía a tu lado tendré
y dulces sueños abrigaré.
A tu lado, fuerte me sentiré
y de tu mano no me separaré.
A las nubes subiré y el suelo tocaré
y tus suaves caricias sentiré. Nunca más sola me quedaré.
Has llenado todo mi ser, mi refugio serás.
A tu lado volaré y dulce melodía escucharé.
Serás mi aliento de día y mis sueños en la noche,
de ti nunca me apartaré, serás eso que tanto busqué.

EL CAPITÁN DE MI BARCO

Dejaré que seas el capitán de mi barco,
que a puerto seguro me puedas llevar.
Que ni las olas, ni las tormentas nos puedan derrumbar
y en contra de la marea seguiremos hasta el final.
Que el viento sople suave y dulce a la vez,
que los pájaros no dejen de cantar.
Que en tierra segura podamos anclar,
que la alegría no podamos apagar
y que nuestra piel se una por toda la eternidad.

CAMINOS

La vida tiene muchos caminos por recorrer.
Muchos son duros y llenos de espina, difíciles de quitar,
almas duras, insensibles y llenas de maldad.
Otros que por lo menos algo de alegría te brindarán,
pero son tan fugaces que ni cuenta te darás.
Que pena que la vida sea así y que no podamos en paz estar.
Cuantos momentos se han ido porque no lo saben valorar.
Esto te lo escribo a ti que perdiste esta oportunidad.
Cuando te des cuenta, ya ni tiempo tendrás.

IMPERDONABLE

La vida te llevará por caminos difíciles de andar.
Querrás llorar y gritar y nadie te escuchará.
La soledad y la tristeza a tu vida llegará.
Con tormentas y dolor tus días serán.
Querrás buscar la paz y no la encontrarás.
Las noches serán una agonía y la luz nunca llegará.
Abatido y vencido, el dolor te consumirá
y el recuerdo de lo vivido no te dejará en paz.
Tanto daño que has hecho a tu vida regresará
y con lágrimas y llantos, un perdón aclamarás.
Gritos y llantos en las noches te ahogarán y ya no podrás más,
las sabanas morderás buscando quien te pueda perdonar.
Tu conciencia te recordará cuanto mal hiciste,
ya no busques consuelo, pues ya no lo encontrarás.

ME PERDISTE

Me extrañarás de día y de noche me llamarás,
pero ya no estaré más.
Me perdiste
y después cuenta te darás.
Querrás
buscar mi nombre,
pero ya no lo verás.
Insensato de tí, me perdiste por no saber esperar.
Sentirás la necesidad de recuperarme,
pero ya no me encontrarás.
La distancia nos separará
y ya no me verás.
El viento me llevará a un puerto seguro donde no sufra más.

ANHELO

Oh, dulce amor de la distancia, anhelo poderte encontrar.
Anhelo tu cuerpo poder abrazar y que en el encuentro
podamos lograr lo que nadie nos ha podido dar.
Descansa, dulce amor y las sábanas tendrán el aroma
que nos cobijan y nos den calor.
Como sueño despertar a tu lado, en mis sabanas blancas.
Siento el calor de tu cuerpo acariciando mi espalda.
Una noche llena de pasión y alegría nos embargó
y ella nos dio este fuego y este calor
que nuestros cuerpos derramó.

ETERNIDAD Y ALGO MÁS

La noche cae y aquí te espero.
Las mariposas en mi estómago
brincan de alegría esperando tu llegar.
Te voy a llenar de besos y caricias.
El amor estará a flor de piel y la noche será una eternidad
y aquí te vas a quedar y una y otra vez nos volveremos amar.
En el aire, nuestro amor gritará cuan hermoso es.
Nuestras almas tan unidas están que nadie nos podrá separar.
Eres el que me da vida y el motor de mis días.
Sin ti nada tiene sentido. Nada es nada si no estoy contigo.
Te voy a amar toda una eternidad
y si hay algo más,
allí voy a estar.

PERTURBADA

En sombra y abismo me encuentro.
Mis fuerzas he perdido.
En un camino muy largo estoy
y no sé cual es el destino.
Perturbada está mi mente y me pregunto,
¿Cuándo veré el final?
Navego un aire que no sabe donde va.
La vida se desliza entre mis dedos y no sé a donde va.
Quiero este dolor de mí sacar.
No quiero mis lágrimas ver más.
¿Cómo me quito este dolor?
Busco la respuesta, pero no la encuentro.
No sé si pueda aguantar más.

ILUSIONES

De ilusiones me llenaste y un castillo me forjaste.
Con canciones me dormías y con tu risa me despertabas.
Mariposas en el aire revoloteaban en mi cama
y en las mañanas el sol más fuerte nos abrigaba.
La luna en las noches más intensas nos iluminaba.
Pensaba que esto nunca se acababa.
Maravillosos esos días que la vida me regalaba.
¿Cómo sacarte de adentro si en cada respirar te siento?

TE EXTRAÑO

No sabes cuanto te extraño y quizás nunca lo sabrás.
Te fuiste metiendo por cada uno de mis poros hasta mi alma tocar.
Cuanto te extraño y no sé donde estás.
Tu risa y alegría llenaron cada espacio de mi soledad.
Sé que, al pensar en mí, los recuerdos te harán llorar
por haberte ido sin un adiós saber dar.
Lo que vivimos en tu mente siempre va a estar
y en mí, el tiempo, los recuerdos borrará.

ALMA VACÍA

En el silencio de la noche, las paredes retumban
y la noche se hace una eternidad.
El grito del dolor no se oye porque lo llevo en mi interior
y este llanto es el gemido porque ya no estarás.
Noches oscuras y vacías llenan de recuerdo el alma mía.
¿Por qué no estás? ¿Por qué estoy tan vacía?
Iluminabas mi vida. Eras el sol de mis días.
Ahora solo quedan los recuerdos y esta triste lejanía.

VALENTÍA

Al caer el alba a tu lado, nuevas fuerzas me darás
y al despertar un nuevo día, otras batallas traerá.
Con valentía y firmeza, sé que las voy a ganar
y de nuevo, al caer la noche, en tus brazos, voy a descansar.

DECEPCIÓN

Qué triste decepción de saber que no eras quien decías.
Las heridas que me hiciste son difíciles de sanar.
Cuantas mentiras me han lastimado. Cuanto me has fallado.
Llegaste como una luz y ahora en sombras te has quedado.
Pobre de ti, cuando todo pase y a solas te encuentres.
Tus pensamientos y recuerdos serán tu larga agonía.
El tiempo me dará el olvido y en otros caminos andaré,
pero sé que más fuerte gracias a ti seré.

UNA GRAN LUZ

La vida me ha querido cerrar los caminos,
pero el universo una puerta me abrió y una gran luz resplandeció.
Todo el llanto y el dolor, el universo lo recogió
y en un cajón lo guardó.
Dulce perfume está en el viento y ya tus pasos los siento
y cerca de mí vas a estar y a mi lado te vas a quedar.
Oh, mi dulce amor, nunca más te apartes de mí.
Aquí siempre te voy a esperar y de mí nadie te va a arrancar.
Las horas y minutos cuento para ver tu llegar
y sé que al despertar a mi lado vas a estar.

AMOR PLATÓNICO

Amor distante, platónico, que aunque no pudo ser, allí vas a estar.
Con tu risa y alegría, mi vida vas a llenar.
Fuerzas me das en este largo caminar cuando ya no puedo más.
Eres la ventana que se abre a un nuevo despertar.
Eres el sol que me va a calentar. Eres la dulce brisa del mar.
Aunque estés lejos, aquí vas a estar y entre mis brazos
siempre te voy a abrigar y en las noches mi consuelo serás.
Amor distante, platónico, en mis recuerdos siempre vas a estar.

SIEMPRE JUNTOS

El día que estés a mi lado, la tierra parará de girar.
Las hojas ya no caerán más.
En el universo, las estrellas brillarán y alegría todo será.
La música limpiará el llanto y solo habrá felicidad.
El llanto ya no existirá.
El calor de tu cuerpo será mi abrigo, mi refugio y mi sustento.
Dulces melodías cantaremos y bajo la lluvia bailaremos.
La felicidad se verá en nuestro rostro.
Nuestra alegría a lo lejos la sentirán
porque un amor como el nuestro nadie lo ha escuchado jamás.
Mi dulce amor, mi fortaleza de cada día,
mi aliento, mi esperanza, la luz que me da vida.
La noche cae y el dulce sonar del silencio ese nos abrigará.
Al despertar mañana a tu lado será la fuerza
para continuar cada día.
En este camino siempre juntos vamos a estar.

TRISTE ES LA VERDAD

Triste es la verdad escuchar. Triste es saber que no vuelves más.
El día y la noche se unieron como un tsunami.
¿Y cómo salir de él, si no sé nadar?
¿Dónde encontraré otro timón para mi barco navegar?
¿Dónde encontraré fuerzas para continuar el camino?
El tiempo pasa y no pasa nada. Todo estancado está.
Cuan larga agonía este esperar. Que incierto el futuro está.
¿Cómo lo voy a soportar?
La alegría en mi vida se apagó y el dolor embarga mi corazón.
El viento me lleva y no sé a qué lugar.
Es como un río que sin cauce se va a quedar.
¿A dónde iré, a donde iré? No lo sé.
Solo me queda esperar a ver
que el tiempo me quiere dar.

EN MI CUERPO ENRÉDATE

La dulzura que emana de mí, muchos la envidian.
Otros no la toleran porque saben en mi
hay algo especial que nadie la tiene,
que pocos la pueden entender.
Mi dulzura y mi amor te cautivarán
y las extrañarás en cada momento
y en el viento,
la sentirás.
Lo querrás atrapar en tus manos, pero el viento se lo llevará.
Entonces, no me dejes.
No me sueltes.
Agárrate de mí. En mi cuerpo enrédate
y tus sueños y los míos haremos realidad.

CONSEJO

Te quiero dar un consejo:
si no te quieres enamorar,
no me conozcas.

EXTRAÑAR

Cada día que pasa, te extraño más.
No sé cuando este dolor va a acabar.
En el día, tu voz quiero escuchar
y en las noches, tu cuerpo quiero abrazar.
Aunque lejos estés, en mis memorias, te guardaré
y al viento le pediré que mi rostro puedas ver.
Que mi recuerdo no puedas borrar
y que algun dia me vuelvas a llamar.

TRISTE, SOLA Y VACÍA

Pasan los días, pasan los años
y me consumo en esta soledad.
¿De qué sirve la vida si ya conmigo no estás?
Nada tiene sentido, no sé ni para donde andar.
Perdida en un abismo me encuentro
y no sé donde está el final.
Qué triste es la vida sin ti.
De alegría llenabas mis días.
Eras el impulso para continuar mi vida.
Ahora triste, sola y vacía, sin sentido está mi vida.
Por las calles voy buscando eso que he perdido.
Pensé que olvidarte fácil seria.
Que en mis memorias te guardaría,
pero cuan difícil es dejarte ir
cuando esta llama no me deja vivir.
Sé que lo nuestro fue algo especial,
que aunque junto no estemos, esto no se puede soltar.

LO QUE QUISIERA PEDIR

Miro al cielo y le preguntó a las estrellas
que me digan donde podré encontrarte.
En la mañana, le pido al sol que me guíe
hasta donde tu sombra este.
Al agua le digo, "Llévame hasta su orilla.
No me dejes hundir."
A mis manos le pido, "Tómalo y no lo dejes ir."
A mi voz le digo, "Grita hasta que no puedas más.
Grita hasta que en sus oídos retumbe
mi voz."
A mis ojos le pido, "Búscalo.
En algún lugar lo vas a encontrar
y a mí lo traerás."

MI MUSA

¿A dónde iré sin ti,
mi querido amante y mi gran amigo?
Sin rumbo está mi vida, cansada y vacía,
no le veo una salida.
Ya las fuerzas he perdido,
esperando que el viento me lleve a un lugar desconocido,
donde nuevo aire me ilumine
y nuevas fuerzas me guíen.
Que pena haberte perdido.
Que pena
porque, sin ti, no vivo.
Que pena no nos hemos visto más.
Que triste no saber donde estás.
Gracias, le doy al cielo por haberte conocido.
Fuiste algo muy lindo en mi vida.
La musa de todo esto escrito.

Mayra Almaguer

TRISTEZA

Oh, tristeza, cuán larga agonía que desespera.
Cuan larga amargura que desespera y se clava
en lo más profundo de mi ser.
¿Dónde está la alegría?
Te la has llevado de mi vida
para guardarla en un cajón y no sacarla jamás.
Oh, tristeza, amarga sensación incoherente,
destructiva que quebranta mi corazón.
¿Dónde estás?
Se ha perdido la luz del día
con tu inmensa sensación de soledad.
¿Por qué te fuiste? ¿Cuándo volveré a ser yo?
Te has llevado todo de mí.

ESPERANDO

Quiero llorar
y que el mar de lágrimas derramadas sequen mis ojos.
Quisiera gritar
y que mi voz ya no salga más.
No sé donde buscarte.
¿Por qué no te puedo encontrar?
Cansada mi alma está sintiendo esta soledad.
Es como una espada que atravesada en mi pecho está.
¿Hasta cuándo será este dolor?
¿Hasta cuándo está agonía?
La alegría ya se ha ido
y la vida la voy perdiendo en un suspiro.
Los días pasan, las noches y los años,
buscándote y no sabes cuanto te he amado.
Quizás nunca podrás entenderme, pero aquí
siempre te estaré esperando.

SIN TI NO HAY SENTIDO

Por todo lo que he llorado,
por todo lo que he sufrido,
por todo el tiempo que he esperado,
una eternidad no es suficiente
en ningún lugar.
Que no te encuentre no tiene sentido para mí.
Es efímera, es vacía.
Aunque tenga que esperar, no pienso cansarme.
No dejaré de adorarte y de buscarte.
Por mucho que pasen los años, no dejaré de soñarte.
Ya te dije,
sin ti, mi vida no tiene sentido.

DOLOR

El llanto que sale del alma es como un río:
sin cauce, no sabe donde ir.
Es un camino largo lleno de espinas y tropiezos
que no encuentran su final.
Pobre alma mía, como sufre.
¿Y qué puedo hacer?
Solo desbordar esta angustia y palparla en estas líneas
para que no me queme más.
Dolor tan profundo que sale de lo más adentro
y quema todo mi ser.
¿Por qué no puedo calmar esta tempestad de pasión?
¿Por qué no aparece quién sacie este amor?
¿Dolor profundo, dolor,
cómo te saco de mi interior?

BUSCÁNDOTE

Busco la luz del día y no sé donde está.
Busco la noche y es una inmensa oscuridad.
Busco tu rostro en todas partes sin poderlo encontrar.
Busco eso que tantas horas de alegría y felicidad
llenó cada espacio de mi vida.
Te busco porque alejado de mí estas.
Te siento en el viento y en cada respirar.
Quiero tus ojos volver a mirar y tu boca poder besar,
reír de nuevo a tu lado y juntos caminar.
Te busco y te buscaré
hasta que te vuelva a encontrar.

SIN PUERTO SEGURO

Cansada, agotada, me encuentro.
Le pido al universo que en sus manos me recoja.
No sé que más hacer, qué camino continuar.
Abatida y derrumbada, a Dios le pido
que ilumine el camino
que debo tomar.
Mi vida es como un velero que con el viento
navegando está.
Sin un puerto seguro,
sin idea de donde va a anclar.
El vacío embarga mi alma.
Mi respirar lento esta.
Mis pies, los pasos, no quieren continuar.
Y no sé qué hacer,
que esperar.
Todo es tan incierto.
¿A dónde me quieres llevar?

KARMA

Tanto daño que has hecho
a tu vida regresará
y con lágrimas y llantos,
un perdón aclamarás.
Gritos y desesperación en las noches
te ahogarán,
pero la paz nunca encontrarás.
En las noches, las sábanas morderás,
buscando quien te pueda perdonar.
Tu conciencia te recordará cuanto mal hiciste.
Ya no busques consuelo,
pues no lo encontrarás.

COMO DUELE

Como duele dejarte ir.
Como duele no verte más,
no saber donde estás.
Tus manos no poder agarrar más,
tu cuerpo no poder abrazar.
Como duelen todos esos recuerdos.
¿Cómo los saco de mi interior
cuando no quiero poder olvidarlos?
Amor mío, no te vayas por favor.
"No te vayas," eso, grito cada momento,
cada instante.
Por favor, vuelve a mí. Vuelve, por favor.
Que ya no sé como
vivir sin ti.

QUE PENA DE TI

Infeliz aquel, insensible ser.
Eres frío, opaco,
hasta en tu respirar.
¿Qué crees me puedes dar,
si vacío y apagado estás?
Que pena me da de ti
que en tus noches abunda la soledad.
Te cubres con apariencia de eterna felicidad,
pero nadie sabe cuan inmensa es tu soledad.
Los días se te hacen largos y las noches una eternidad.
¿A quién quieres conquistar? Nadie te va a escuchar.
Tus sabanas frías siempre van a estar
y tus noches serán una eternidad.
Que pena me das,
alma tan fría,
vas a tener una inmensa soledad.

ALMA PEGADA

Las ventanas de los cielos se abren
al escuchar tu voz.
Al saber lo dulce que eres,
lo bello de tu corazón,
lo inmenso de tu dulzura.
Alma pegada a la mía,
pegada en el dolor y la alegría,
en noches de soledad y dulzura en la mañana,
suave caricia al despertar.
Loco este amor que surgió de la nada
y crece cada día más.
Escucho tus pasos y me dan aliento de vida.
Maravilloso amor, mi ángel,
me das fuerza cada día
para esta vida continuar.

COGIDOS DE LA MANO

Siento en mi piel tus dulces besos
y tus suaves caricias.
Eres lo que esperaba.
Eres el que me llevo al cielo cada día
y, por ti, las estrellas pude tocar.
Mis sábanas tienen tu calor
y aun todo vibra en la habitación.
En mis oídos siento tu murmullo
y tu agitado corazón.
Lo anoche vivido nadie podrá borrar.
Toqué las estrellas, las pude alcanzar
y cogidos de la mano fue nuestro despertar.

DESCANSA, DULCE AMOR

Descansa, dulce amor.
Las sábanas serán el aroma que nos cobijan
y nos darán ese dulce calor.
Mi dulce musa, que apareciste en mi camino,
limpiando llanto y dejando alegría,
tu sonrisa me ilumina cada día.
Fuerzas me das, mi dulce compañía.
Aunque la distancia nos separe, siempre allí estaré.
Mi espíritu y mi alma serán tu compañía.

¿DE QUÉ SIRVE?

¿De qué sirve el llanto derramado
por algo que no tiene valor?
¿De qué sirven las noches sin dormir
y los dias de desesperación?
¿Para qué tanto dolor y tanta angustia
por alguien que no lo valoro?
El amor te da alegría, mansedumbre,
apoyo y resplandor.
¿Sabes tú qué es eso?
No lo sabes entender, pobre de ti, insípido ser.
Que errante estas por la vida
sin saber a donde vas y que te espera.

GRITO

En las noches,
grito tu nombre,
pensando si me puedas escuchar.
Grito y aclamo
porque vuelvas a llamar.
Por volver a estar contigo
y abrazarnos hasta perder el respirar.
Unir nuestros cuerpos y no separarnos jamás.
Al silencio le pido que no se calle más.
Tu voz quiero escuchar, tus pasos sentir
y tu boca volver a besar.

MI SUEÑO

La distancia se hace corta al saber que pronto te veré.
Los minutos ya los cuento y pronto a tu lado estaré.
De la mano caminaremos y el atardecer veremos.
La noche será el refugio donde tantas cosas nos diremos.
Al alba, nos abrazaremos y de la mano andaremos.
Añoro poder estar contigo,
que tus brazos me puedan envolver.
Todo esto es mi sueño y en realidad lo quiero hacer.

NADA ES NADA

Un alma sola y vacía no brilla, no tiene luz.
Es algo fugaz que no tiene sentido.
Es un resplandor incierto, es nada, es impalpable y sin sentido.
Es fugaz e inseguro, es nada de que hablo del amor.
Son heridas profundas que dejan cicatrices
y con el paso de los años no se borran.
Es el fuego que te quema y no sabes como salir de él,
pero sabes que ese fuego te da placer.
Esos sentimientos son muy difíciles de entender,
a veces al fondo querrás llegar.
El placer a veces duele, pero a veces ese dolor te lleva
a otra dimensión.
Es danzar bajo la lluvia refrescante
y húmeda es la alegría y el dolor.
Y nada es nada
y todo es contigo.
Danzar al viento contigo es como un murmullo en el silencio.
Lo simple se hace grande y lo grande, más hermoso.
Sentir, en la nada, tu abrazo me llena hasta los huesos,
se reconforta mi alma y de alegría me lleno.

TU CASTIGO

Tu llanto será tu castigo.
Tu angustia será el fuego que te quema.
Los recuerdos no te dejarán dormir.
De día, me extrañarás y de noche me desearás,
pero esa lejanía no te dejará.
Me buscarás y no me encontrarás.
Me recordarás en cada suspiro,
en cada respirar.
Llorarás por haberme perdido y cada día una agonía será.
Te lamentarás y sufrirás
y en tus sueños me verás.
Querrás tocarme, querrás besarme,
pero ya no podrás.

UN DÍA Y OTRO

Otro día y otro más, viendo lo mismo siempre pasar.
Esperando eso que quizás nunca vea llegar.
Escuchando el silencio de este lugar,
el vacío y soledad que, al marcharte,
es lo que se quedó.
Risas se oyen a lo lejos, música y felicidad.
¿Pero qué es lo que yo encuentro a mi alrededor?
Un inmenso vacío que no sé cómo llenar.
Quisiera arrancar de mí esta sensación,
este dolor, este vacío que me consume
cada día más.
Y vendrá otro día y otro más y todo será
igual.

SOÑAR CONTIGO

Soñar contigo cada día
es el motor que me impulsa para seguir.
En mis sueños te veo a mi lado
y junto a ti
todo el tiempo se detiene.
El viento canta con su dulce canción,
el cielo siento tocar
y acariciarte es un orgasmo para mí.
Es la felicidad infinita,
es volar en el infinito.
Así es cuanto te quiero,
así quiero que sientas igual.

ADIÓS, MI AMOR

Cuando te des cuenta de cuán grande era mi amor por ti,
quizás ya sea muy tarde.
Me buscarás y no me encontrarás.
Gritarás mi nombre y en el aire se perderá.
Extrañarás mis caricias, mis risas, los momentos juntos,
pero ya no estarán nunca más.
Adíos, mi amor, adíos.
Que pena.
No supiste entender esto tan grande que yo sentía por ti.
Desde donde yo esté, te voy a amar
y en el viento mi voz escucharás.
Querrás saber donde poderme encontrar,
pero ya tarde será.

MELANCOLÍA

¿Por qué las noches son tan frías?
¿Por qué la luz ya no brilla?
¿Por qué te has ido de mi lado y siento tanta melancolía?
Eras el viento que me acariciaba. Eras mi dulce compañía.
Eras la luz que me iluminaba. Eras la alegría de mi vida.
Eras el pilar que me sostenía. Eras la fuerza que me impulsaba.
Eras mi todo, eras mi vida, eras mi maravillosa compañía.
Ahora las sombras me embargan y el recuerdo no se calla.
¿Cómo hago para olvidarte, mi hermosa compañía?

LÁGRIMAS TRAGADAS

¿Cómo te digo adiós?
¿Cómo te desprendo de mi corazón?
¿Cómo lo hago si tú eras mi respiración?
Tanto te amé y tú ni cuenta te diste, nunca supiste
ver qué importante eras para mí.
Ahora, entendí
que te tenía que dejar ir.
Que mis lágrimas me las tenía que tragar
y que en otros brazos quizás te pueda olvidar.

MIS ANSIAS

Que bonito hubiera sido este amor,
uno de los últimos de mi tiempo, un deseo profundo y de verdad,
para toda la vida acariciarte al despertar,
amarte en las noches y saber tu dulce melodía.
Mis ansias de vivir, mi respirar, mi luz, mi vida, mi todo
y se esfumó como si nada.
No sé como estarás y que sentirás.
Solo le pido a Dios algún día podamos volvernos a encontrar
y que esto que yo siento por ti lo puedas entender.
Los meses que viví este romance contigo
fueron lo mejor que me ha pasado, aunque sé
que para ti solo fui un ave de paso.
Pasarán los años, me extrañarás
y, te aseguro, querrás saber de mí.
En algún momento,
me sentirás en tus noches
pero no sabrás donde yo estaré.

NO ME SUELTES

No me sueltes, no me dejes sola en este hilo.
No quiero caer en el abismo de tu ausencia.
No quiero.
Ven, rescátame, dulce amor de la distancia.
Sé que, en tus brazos, voy a navegar
la dulzura, la ternura, la pasión y el deseo.
Ven.
No me sueltes, no sabes cuanto te deseo.
En la distancia, siento tu aliento, tu olor, tu respiración.
Esto si es amor.
El universo nos unió, él tiene el timón de nuestras vidas
y hacia puerto seguro él nos llevará.

SOLEDAD

Soledad: un inmenso camino que lo llena todo y no llega a nada.
¿Oh, Dios, dónde estás que no te siento?
Mis lágrimas ya no caen más.
El día se hace noche y la noche una eternidad.
Cuanto amor en mis manos y no sé a quién dar.
Larga es la espera y esa me desespera.
No sé cuando va a acabar, es como un laberinto sin final.
Le grito a los cuatro vientos
cuánto quiero amar y no encuentro a quien dar.
Soledad amarga, espera. Ya no puedo más.
Tanto amor perdido sin saber a quién dar.
Tantas noches de sueños sin realizar.
Soledad, maldita soledad.
¿Qué más quieres de mí? ¡ No ves que no puedo más!
Eres un canto triste y un lamento al despertar.
Eres nada, vacía soledad.
Noches de llanto sin parar te odio, maldita soledad.
Cansada está mi alma de esperar,
no sé cuanto podré aguantar.
Eres un camino negro y largo de cruzar,
eres la tristeza y amargura en mi despertar.
Soledad, maldita soledad.

TODO ESO Y MUCHO MÁS

Esperar al que nunca llega
es como un río que su cauce secó.
Es como tierra árida que ni fruto dio.
Es como un mar que la tormenta arrasó.
Es el viento que nunca sopló.
Es la noche que no apareció
y el sol que su luz apago.
Es la risa que no se escucha,
es el llanto y el dolor que hasta el alma penetró
y la lluvia que nunca cayó.
Todo eso y mucho más es lo que en mi vida está.

NADIE

Nadie puede entender algo que no ha experimentado:
el dolor, la angustia, la soledad, la necesidad
de estar al lado de la persona que amas,
el sentirte que nada tiene sentido.
Es como caer a un abismo,
la oscuridad te envuelve y nunca ves el final.
Eso es el estar enamorado y querer con todas tus fuerzas
a esa persona que es muy especial para ti.
Nadie lo puede entender.
Nadie que no ha sufrido en carne propia, todo esto lo entenderá.

MIS BATALLAS

Cuantas tormentas he vivido,
cuantas batallas he tenido.
La guerra no ha sido fácil.
He llorado, he sufrido.
Mi piel se ha desgarrado y mi alma aclama por piedad.
Ha sido muy duro y he sufrido y he pensado
que el mundo se ha detenido.
El silencio me ha consumido.
Noches de llantos, días de reclamos.
¿Por qué, Dios Mío, por qué?
Al suelo he llegado y tu misericordia me ha levantado.
Barreras he tenido en mi camino y ha sido muy duro brincarlas
¡Sin tu ayuda, Dios Mío!
Seguiré adelante y si otro tropiezo llega,
lo quitaré y el camino de la vida,
que es largo y angosto, no dejaré
que me vuelva a tumbar.
Voy a luchar y al final llegaré.

PORQUE

¿Cuándo volverá a salir el sol para mí?
¿Cuándo veré la luz del día?
Vivir en esta eterna oscuridad me hace perder el sentido,
¿Dios Mío, dónde estás?
¿No escuchas los latidos de mi corazón?
Ya no aguanto más.
¿Qué más puedo esperar, que otra derrota vendrá?
No sé cuanto más podré soportar.
Mi llanto ya se escondió, mis lágrimas ya no caen más.
Mis manos vacías están y en mis brazos ya no estás más.
¿Por qué, Dios? ¿Por qué? Te pregunto una y otra vez.
¿Por qué tan cruel destino, dime por qué?

ERAS TODO PARA MI

Fuiste la luz de mi vida, mi respirar, mis noches
de locuras. Fuiste todo y mucho más.
Lo que jamás imaginé, el que llenaba mis días,
el que calmaba mis noches. Lo eras todo para mí.
El que me hacía sentir mariposas en mi cuerpo,
el que me hacía soñar con cuentos de hadas.

NUESTRO ENCUENTRO

Dulce es esta sensación que pronto te veré,
en mi mirada la alegría se ve.
Cuantas cosas por contar,
cuantas cosas por hacer.
Un día, no bastará para recobrar tantas horas perdidas,
tantas caricias que nos queremos dar.
Cuantas horas de placer se han ido,
cuanto tiempo hemos perdido.
Nuestro encuentro será tan grandioso que hasta las
estrellas se iluminarán
y cada segundo juntos el tiempo no pasará.
En las mañanas, el sol brillará más y la brisa nos rodeará.
En el universo, nuestros nombres escritos están.

SENTIMIENTOS

El amor no se cuestiona, no se traiciona,
no se limita, no se reprime.
Es una dulce sensación que no tiene explicación.
Son sentimientos difíciles de explicar
y cuando lo vives, te lleva a otra dimensión
y es tan dulce y suave que no te quieres apartar de él.
Es flotar con las nubes. Es rozar el viento.
Es una inmensa sensación que no tiene fin.
Te sientes flotar en el cielo, dominas el viento
y dejas fluir tus sentimientos sin importar nada.
Solo quieres seguir viviendo ese momento
y deseando que no pare jamás.

CUANTO QUEMA

Cuanto te extraño, cuanto necesito tu calor, tu olor, tus caricias.
Que triste estoy sin ti. Cuanta falta me haces.
Quiero escuchar tu voz, tus caricias, tus besos.
Oh, Dios, no me quites esto tan hermoso, lo que siento por él.
Me han rasgado el alma.
¿Si no estoy junto a ti, qué haré lejos de ti?
No sé que será de mí.
¿Por dónde andaré vagando, esperando, verte en algún lugar?
La tristeza me consume, me quema y me hace agonizar.
¡Cuánto quema este amor, cuánto quema!
Mi alma clama y mi piel se desgarra por ti.

¿CÓMO PUEDES? YO NO

No te has dado cuenta cuanto te amé,
que soy como un vaso frágil de cristal,
que sin ti no sé vivir, que eres mi respirar.
En mi piel, siento tus manos, en mi boca, tus labios
y en todo mi cuerpo, el calor que me dabas.
Siento tus palabras en mi mente, golpeándome
cada día, recordando lo vivido.
Y no se donde estás. ¿Cómo pudiste olvidar
todo esto tan maravilloso que un día nos unió.
¿Cómo puedes borrar de tu vida todo lo que vivimos?
¿Cómo puedes ser tan frío y sin sentimientos?
Tu recuerdo siempre guardaré, y aunque no quieras,
nunca te olvidaré.

EN OTROS BRAZOS

Cuanto siento tu ausencia.
Me has dejado sola y vacía, perdida en la lejanía.
Noches calladas y vacías colman esta agonía.
Como un árbol triste y decaído, así siento el alma mía.
Al aire grito tu nombre, esperando una respuesta,
¿Dónde estás? ¿Por qué te has ido?
Me has dejado sola y vacía.
Escudriño dentro de mí porque me has abandonado
y aquí me veo pensando
que si algún día quieres regresar
en otros brazos voy a estar.

BUSCANDO LA FELICIDAD

Que largo es el camino para encontrar la felicidad,
cuantos obstáculos hay que pasar.
¿Por qué, Dios?
¿O es qué no ves cuánto dolor me cuesta?
¿Cuánto sufrimiento da?
Es como la maleza
que la quitas y vuelve su fruto dar.
¿Felicidad, dónde estás? ¿Por qué te escondes de mí?
Te busco en el día y la oscuridad,
entre la gente y el caminar y no te puedo hallar.
¿Cuánto cuesta poderte encontrar, hermosa felicidad?
Te busco y no te puedo encontrar,
ni en lo más simple, ni en lo más hermoso.
¿En qué lugar estarás?
Qué difícil es esa palabra para hacerla realidad, pero
mis esperanzas no las vas a arrancar y aquí te espero,
inmensa felicidad.

MI DULCE AMOR

Que dulce y refrescante es amanecer junto a ti.
Sentir tu olor, el calor de tu cuerpo pegado a mí.
Sentir tus manos entrelazando las mías, manteniendo
en mi piel tus caricias y tus besos, recordando
cada frase que al oído me dijiste.
No quiero que te apartes de mí, no quiero perderte jamás,
que esto se repita cada día, cada amanecer.
Mantenernos así por siempre, quizás
sin saber como empezó o por que.
Quiero que sigas siendo el motor que me impulsa cada día,
que en mis ojos siga brillando esta alegría
y que mi corazón nunca deje de latir así por ti.

TE LO PROMETO

Enamórame una y otra vez, enamórame hasta el amanecer.
Enamórame en cada suspiro, en cada mirada, en cada abrazo.
Que la luna nos alumbre de noche y el sol al amanecer.
Que cada caricia tuya sea única, inmensa cada día.
Que este amor nos vuelva locos y nos enrede de pasión.
Que esto perdure para siempre.
Te lo prometo, mi amor.

CUANTAS HERIDAS

¿Cuántas veces mis heridas han lastimado?
¿Cuántas veces me han fallado? ¿Cuántas veces he llorado
sin cesar, sin aliento, me he quedado?
Pero aquí sigo y me vuelvo a levantar, el dolor
no me va a derrumbar, y en algún momento, feliz volveré a ser.
Vendrá uno y otro más hasta encontrar el que realmente
me va a amar y mariposas en mi vientre volveré a sentir
y su voz me hará temblar, me llenará de felicidad.
No sé quien va a ser, pero sé que lo encontraré.

OTRO NUEVO AMOR

El dolor de un corazón roto solo lo cura otro nuevo amor,
una nueva ilusión, un nuevo despertar.
El tiempo no cura esa ausencia. Es como una herida
que cicatrices ha dejado.
Solo una nueva caricia puede tapar esas huellas
que en mí quedaron.
Un nuevo despertar me hará seguir adelante
y dejaré de pensar en el pasado
y sabré que todo lo vivido será un dulce recuerdo
que se queda gravado.
Lo bueno o malo vivido no se olvida,
solo se queda dormido en nuestra alma.
No importa el tiempo que pase,
las heridas no desaparecen,
solo se esconden
y en un rinconcito
se quedarán.

QUIZÁS

No sé como dejarte ir, No sé como te voy a olvidar.
No sé que camino voy a seguir, ni como lo voy a soportar.
Quizás el tiempo me sane este vacío tan grande.
Quizás se encargue de no desearte más.
Este dolor no es fácil de sanar y lo vivido nunca se va a olvidar.
Aunque ya no estés en mí, siempre te vas a quedar.
Vendrá otro amor, quizás tu ausencia pueda llenar,
pero sé que nunca te podré olvidar.

CUANDO LLEGUES

Cuando te vea llegar, el sol brillará aún más que nunca.
Los ángeles cantarán y en la noche las estrellas una fiesta harán
y sabrás cuanto este amor te desea y ha esperado.
Las aves se alborotan y lindas canciones nos alegrarán.
La lluvia en el suelo brincará de alegría y todo otro color tendrá,
un arcoíris ese momento será.
Las risas por todos lados estarán, las flores su brillo tendrán
y yo seré el ser más feliz después de tanto esperar.

QUIERO OLVIDARTE

Cada camino que he tomado para olvidarte
siempre me trae de vuelta a ti.
Te quiero olvidar en otros brazos
y esos se alejan de mí.
Busco tus besos en otros labios
y esos saben a hiel.
Otros que no me llenan de placer
y no sé qué puedo hacer
¿Cómo te voy a olvidar? ¿Cómo podre estar sin ti?
El deseo y la pasión nos une y aunque no pueda ser,
es algo que nos domina y nos arrastra para estar juntos.
Es algo más fuerte que nosotros,
es como si tu nombre en mi piel grabado está.
Pero sabes algo, mi amor, aunque busques con otra persona estar,
de mí nunca te podrás apartar.
Este sentimiento siempre prevalecerá
y cada día más fuerte será.

DESPEDIDA

Lo que dejaste perder por tus temores e inseguridades,
sé que algún día, en algún momento, lo entenderás.
Mujer como yo nunca vas a encontrar,
porque a pesar de los golpes
y obstáculos que la vida me ha dado, siempre he seguido adelante.
Nunca vas a encontrar alguien que te quiera como yo,
dispuesta amarte bajo cualquier circunstancia,
mujer que te mime, respete, apoye,
que desea estar contigo cada segundo.
Así no la vas a tener nunca.
En la vida has encontrado y encontrarás aves de paso,
pero nadie como yo.
Te di lo mejor
de mí y mucho más.
Te extendí mi mano cuando lo necesitaste
y no lo has podido reconocer.
Te deseo un largo camino en la vida
y que en tus sueños me puedas ver,
porque nunca de mí te podrás olvidar.

¿QUÉ MÁS?

Mi alma desgarrada está. Ya mi llanto se secó.
Ya mis pasos no quieren seguir más.
¿Qué más puedo esperar si abatida y por el suelo estoy?
Ya el sol no sale para mí y la luna se escondió.
¿Qué más puedo esperar?
Dime…
¿Qué más?

CUANTO VACÍO

Triste y maldita soledad que acaparas toda mi alma,
¿Hasta cuándo te voy a soportar? ¿No ves qué estoy muriendo?
¿Cuánto más quieres de mí, maldita soledad?
Ya te llevaste todo de mí. ¿Qué más quieres, maldita soledad?

YA CASI

Ya casi nos encontraremos.
Ya casi, con un abrazo, nos uniremos.
Ya casi el tiempo detendremos.
Ya casi de la mano caminaremos.
Y, de seguro, nunca más nos separaremos.

PERFECTO PARA MI

Fuiste el hombre perfecto para mí.
Supiste conquistar mi corazón.
Esperaba
cada llamada
tuya,
cada foto, cada segundo que podíamos
conversar e idealizar nuestros sueños,
cada momento que podíamos imaginar
y soñar con nuestro encuentro,
convirtiéndolos en una gran fiesta.
Todo se iluminaba para mí al escuchar tu voz
y saber que era tuya.
Fuiste llenando cada espacio de mi vida,
fuiste quien alegraba mis días.
Al estar contigo,
se iluminaba toda oscuridad,
hasta que, de la nada,
desapareciste y me dejaste
con un mar de lágrimas y un corazón partido en mil pedazos.
Sin saber a donde ir y cómo seguir,
la tristeza embargó toda mi vida
y poco a poco voy superando este dolor y aquí,
en estas líneas, dejo impreso este amor tan grande y profundo,
tratando de llenar ese espacio no recuperable.
Definitivamente, eras perfecto para mí.

Y ME COMAS A BESOS

Que el camino te sea largo en tu vida y el trabajo suave y ligero,
que de vez en cuando me pienses
y a mi lado corras para detenerme,
que el día pase rápido y al llegar a casa me encuentres
y me comas a besos.

FELICIDAD

Cuando la felicidad creo alcanzar todo se esfuma en el aire,
busco en cada lugar, en cada rincón,
el hombre que tanto anhelo tener.
En cada calle, en cada espacio, de día y de noche
y nada se llega a realizar.
Desesperada veo los días y los años pasar
y sin poder mi vida realizar.
Cuan frustración es esto tan incierto, tan largo caminar,
tanta espera y no poder encontrar esa persona
que a mi vida quiera llegar.
Otros caminos tomaré y bajo otros cielos andaré,
pero las esperanzas nunca las perderé.

¿POR QUÉ NO ESTÁS?

Caminando en la noche, bajo el inmenso cielo,
Le pregunto al universo y a las estrellas,
¿por qué es este castigo?
¿Por qué no puedo estar con el hombre que amo?
Poder sentir sus besos, sus caricias, sus manos
acariciando mi cabello,
caminando de la mano
por la vida y que el mundo entero lo sepa.
¿Cómo me quito este amor que en mis entrañas se ha clavado?
¿Cómo le puedo rogar que de igual manera me ame?
¿Por qué no puede ser recíproco tanta llama que me quema?
¿Por qué no podemos unir nuestras vidas si yo tanto lo quiero?
Destino, te borraré de mi historia
y con otra empezaría,
con la que mi alma grita y sueña cada día.

¿QUÉ OTRA COSA VENDRÁ?

¿Cuándo acabará este dolor, estos tropiezos?
Estos ir y venir que me hacen estar en las nubes
y luego me lanzan al suelo?
¿Cómo puedo salir de estos sentimientos?
¿Cómo puedo continuar?
¿Cómo puedo volver a creer en alguien?
¿Cómo puedo volver a querer así si todos me han fallado?
¿Si todo ha sido como un latigazo en mi vida
con tantos altos y bajos, con amores y desamores?
Ya que más puedo esperar.
¿Qué otra cosa vendrá?

ALGO NUEVO LLEGARA

Nuevos aires me acogerán,
nuevas ilusiones a mí vendrán y mi vida cambiará.
La tierra para mí florecerá
y los pájaros volverán a cantar.
El revoloteo de las mariposas mi cabello alborotarán
y el viento más dulce y suave será.
Sé que otro amanecer lleno de felicidad llegará
y que a mi lado despertarás y nunca más de mí te alejarás.

LO QUE ANHELO

Que mi compañía sea ríos de agua sobre ti.
Que tu alegría sea la mía. Que te llene estar conmigo.
Que tu sonrisa sea mi vida y tus alegrías
lo que me da fuerza para seguir viviendo.
Que juntos una vida podamos construir.
Que nuestro camino sea el sendero de una inmensa felicidad.
Que nadie nos pueda separar
y que Dios bendiga nuestras vidas por toda la eternidad.

NUNCA TE OLVIDARE

Aunque el tiempo haya pasado y la distancia nos separe,
mi corazón latirá esperando tu regreso.
No sé qué el tiempo pueda traer,
no sé si en otros brazos te encuentres,
pero lo que vivimos, eso, siempre en las memorias se guardará
y de recuerdos te juro que viviré.
Aunque otro amor llegue a mí,
no sé como te arrancaré de mi corazón.
Nuestras almas se unieron.
No sé como, ni por que,
pero más fuerte que nosotros fue.
Que la luz de cada día alumbre tu caminar
y que feliz puedas ser y que nunca te olvides de esto que fue
y siempre será.

BUSCANDO EL AMOR

Toda mi vida ha sido una frustración y un desengaño.
Miles de caídas y mil veces me he vuelto a levantar.
Me han querido destruir, pero yo siempre vuelvo a confiar.
Porque en la búsqueda del amor y la felicidad,
siempre voy a estar.
Empezaré una y otra vez hasta que ya no pueda más.
Porque la esencia del amor vive en mí y no lo voy a abandonar.
Porque esa semilla germinó el día que nací.
Con los brazos abiertos esperaré el que mi alegría traerá.
Lo que dure no sé, pero lo voy a intentar.
Una y otra vez tras el amor estaré,
hasta que mis ojos se cierren
y descanse en paz.

DESEÁNDOTE

Me tronchaste mis sueños, mis ilusiones, mis esperanzas.
Estoy flotando en una nube densa y oscura,
sin lágrimas en mis ojos aunque quisiera llorar.
Un vacío tan grande domina mi alma que hasta miedo me da.
No quería perderte, no te quiero olvidar.
A gritos le pido al cielo,
¿Por qué me tuvo que dejar?
El aliento me falta y lento es mi respirar.
Cada día que pasa, este abismo se hace realidad.
Cae la noche y el día y otro día más, deseando tu regreso
porque ya no puedo más.

NO QUIERO MORIR DE AMOR

Navego en un mar de llanto.
Me ahoga. No me deja respirar.
Creo que no puedo más.
Todo se ha paralizado dentro de mí,
una inmensa tristeza me cubre
y no sé como salir de esto.
Como un zombi voy
y vengo
y no encuentro
a donde ir.
Espero encontrar un nuevo amor
que limpie mi alma, mi corazón.
Que me haga renacer de nuevo y pueda encontrarle
sentido a mi vida.
Quiero perderme en un inmenso mar de amor, felicidad y caricias.
Eso es lo que espero con ansias.
No quiero morir de amor.

CASTIGO

Que triste decepción. Que grande este dolor. Te creí
lo más puro y sincero que la vida me regaló.
¿Por qué tanta mentira? ¿Por qué me hiciste tanto daño?
Tus palabras a mi piel y mi alma siguen arañando.
¿Por qué? ¿Por qué tanto daño, tantas mentiras?
Solo le pido a la vida
que de mí nunca te olvides
y que ese sea tu castigo. Que cada momento mi recuerdo te hiera.
Que te dé dolor y angustias hasta que te mueras.
Y entonces desearás no haberme herido tanto. Estarás arrepentido.
Ese será tu castigo. Ese será tu gran destino.

DESCONCERTADO

De tanto amar, mi alma se ha secado.
De tanto llorar, ni lágrimas tengo ya.
De tanto esperar, ya me he cansado.
El vacío que siento hasta miedo me da.
A veces no quiero despertar, no quiero ver la realidad.
Tantos golpes, tantas heridas, tantos fracasos
que ni dolor siento ya.
No sé que buscar, ni a donde voy a llegar.
Desconcertado e incierto mañana está.
En este abismo de vacío y dolor me encuentro.
No sé como escapar.
¿Qué más puedo buscar?
¿Qué más a mi vida vendrá?

UNA Y MIL VECES

Una tarde de pasión llenó mi alma de alegría.
Tus besos y caricias en mi piel se tallaron ya.
Te extraño y te deseo. Quizás no sabes cuanto.
Tu mirada y tu sonrisa en mi mente siempre están.
Deseo abrazarte y apretarte hasta perder el respirar.
Deseo que me hagas tuya una y mil veces más.
He intentado encontrar el amor una y mil veces
y mis alas me han querido cortar, pero no lo han podido lograr.
No me arrepiento de haberlo buscado tantas veces,
sé que de mí no ha quedado.
Que no haya encontrado
a la persona indicada no me va a cerrar las puertas.
Una y mil veces más lo seguiré intentando.
Tras la búsqueda del amor siempre iré.
Aunque fracase, yo seguiré,
nunca desmayaré.
Aunque en el camino el tiempo me quiera detener
y los años me
quieran arrancar,
siempre seguiré soñando con ese alguien
que algún día llegará.

INDIFERENCIA

Cada día que pasa me aleja de ti tu indiferencia.
Va agotando este amor y deseo de estar contigo.
Se va opacando este sentimiento. Se seca toda esperanza.
Así que vete y vuela muy alto y algún día veré tu caída.
Sí, amor, así es la vida. Unas veces estamos arriba y otras abajo.
Se recoge lo que se siembra, así que espera tu cosecha.

TU LLEGADA

Cuando te vea llegar,
el sol brillará más que nunca.
Los ángeles cantarán,
y en la noche, una fiesta las estrellas harán.
Sabrás cuanto este amor te desea y ha esperado.
Los pajarillos se alborotan y lindas canciones nos alegrarán.
La lluvia en el suelo brincará de alegría
y todo tendrá un color lleno de arcoíris.
Brillante será ese día
y todo estará a flor de piel.
Las risas por todos lados estarán.
Las flores su brillo tendrán,
y yo seré el ser más sublime y feliz después de tanto esperar.

AMOR SENTIDO

¿Qué es este amor que he sentido?
Quizás sea el final de mi camino.
O quizás sea el destino
que oculto lo ha tenido.
De él, no me quiero escapar.
Aunque duela, lo quiero soportar.
Aunque agonice, lo voy a aguantar.
Porque, como este amor, nunca lo he sentido.

CUANDO PASEN LOS AÑOS

Cuando te pasen los años y solo te encuentres,
mirarás a tu alrededor como la tristeza te acoge.
Querrás tener lo que dejaste, querrás tener
una mano para agarrarte.
La soledad no te dará consuelo
y ya nadie vendrá a dártelo.
Verás que el tiempo cobra
y que ya no podrás
volver al pasado.
Llorarás, pero nadie te escuchará.
Las noches en soledad te consumirán.
Pero ya muy tarde será.
Allí, solo y vacío
te encontrarás.
Pobre amor mío, que no supiste ver la realidad.
Así la vida se te va.

AGRADECIMIENTOS

Quiero darle las gracias a Dios
por darme la oportunidad de realizar este sueño.

A mis hijos Bryan Almaguer y Kendrick Almaguer
y a sus esposas por apoyarme y creer en mi.

A mi familia.

Tambien le quiero dar gracias a Marlene Llama Almaguer
por introducirme a la editorial Indie Earth Publishing
que me apoyado en hacer esto realidad.

A mi editora Flor Ana Mireles
por su confianza en mi y por todo su apoyo.

Le quiero tambien dar gracias a ustedes, mis lectores,
por ser parte de este sueño.

© Dayana Photography

MAYRA ALMAGUER es una escritora e inmigrante Cubana que llego a los Estados Unidos con muchos sueños y metas que no pudo lograr hasta ahora. Con esfuerzo y per-severancia los ha podido realizar, publicando su primer libro de versos y poesías en el 2023, llamado *Vivencias*.

Conéctate con Mayra en Instagram:
@mayra.autora

INDIE EARTH
PUBLISHING

Indie Earth Publishing es una empresa independiente de coedición de autor establecida en Miami, FL. Indie Earth es una compañia dedicada a brindar a los escritores la libertad creativa que se merecen cuando publicando sus colecciones de poesía y ficción. Indie Earth ofrece a sus autores una plétora de servicios destinados a ayudarlos en sus experiencias de publicación de libros y finalmente sentir que están lanzando el libro de sus sueños.

Con Indie Earth Publishing, usted es más que un simple autor, eres parte de la familia creativa de Indie Earth, marcando la diferencia un libro a la vez.

www.indieearthbooks.com

**Para consultas, envíe un correo electrónico a:
indieearthpublishinghouse@gmail.com**

Instagram: @indieearthbooks